Sarah Kirsch:
Katzenkopfpflaster
Gedichte

Deutscher
Taschenbuch
Verlag

dtv

Da Du doch so
gerne Gedichte liest...
Schöne
Weihnachten

Deine Freundin
Barbara

Von Sarah Kirsch
ist im Deutschen Taschenbuch Verlag erschienen:
La Pagerie (10268)

1. Auflage Februar 1978
5. Auflage Dezember 1985: 39. bis 50. Tausend
Deutscher Taschenbuch Verlag GmbH & Co. KG,
München

Umschlaggestaltung: Celestino Piatti
Gesamtherstellung: C. H. Beck'sche Buchdruckerei,
Nördlingen
Printed in Germany · ISBN 3-423-10506-2

Das Buch

Traurig und trotzig, diskret und persönlich, mutwillig, verspielt und doch ernsthaft sind diese Gedichte. Natur und Gesellschaft, innere und äußere Verhältnisse werden mit lyrischer Präzision festgehalten. Man braucht nicht zwischen den Zeilen zu lesen. Sarah Kirsch erklärt das so: »Wenn man schreibt, schreibt man erst mal für sich selber, darüber, was einen selber angeht. Danach setzt die eigentliche Arbeit ein: Man überprüft, ob das ein persönliches Gedicht ist. Das kann es ruhig sein: aber wenn es nur privat ist, sollte man es lieber in den Papierkorb werfen, denn dann gibt es für andere Leute nichts mehr her ... Ich habe da ein paar Sicherungen eingebaut. Wenn ich ein Gedicht geschrieben habe, kontrolliere ich es, ganz lange, das heißt: ich arbeite immer daran ... Die beste Sicherung aber ist, daß man ein paar Freunde hat, denen man vertraut ...« ›Katzenkopfpflaster‹ enthält eine Auswahl von Gedichten aus ›Landaufenthalt‹, ›Zaubersprüche‹ und ›Rückenwind‹.

Die Autorin

Sarah Kirsch, geboren am 16. April 1935 in Limlingerode. Nach dem Studium Arbeit in verschiedenen Betrieben. Gedichte, Reportagen, Übersetzungen, ein Kinderbuch, kurze Erzählungen. Zehn Jahre Ehe mit dem Schriftsteller Rainer Kirsch. Ab 1968 Berlin (DDR). Heinrich-Heine-Preis 1973. Petrarca-Preis 1976. Im Herbst 1976 gehörte sie zu den Unterzeichnern der Petition gegen die Ausbürgerung Wolf Biermanns. Im Sommer 1977 stellte sie den Ausreiseantrag. Heute lebt Sarah Kirsch in Schleswig-Holstein. 1980 Österreichischer Staatspreis für europäische Literatur. 1981 Roswitha-Preis der Stadt Bad Gandersheim. 1984 Hölderlin-Preis der Stadt Bad Homburg. Ihre neuesten Veröffentlichungen sind: ›Drachensteigen‹ (1979), ›La Pagerie‹, ›Erklärung einiger Dinge‹ (1980), ›Erdreich‹ (1982), ›Papiersterne‹ (1983), ›Katzenleben‹ (1984).

I

Aus «Landaufenthalt»

Der Wels ein Fisch der am Grund lebt

Der Wels ein Fisch der am Grund lebt
hat einen gewölbten Rücken der Kopf ist stumpf
der Bauch flach er paßt sich dem Sand an
der von den Wellen des Wassers gewalzt ist
von dieser Gestalt wähn ich mein Flugzeug
das hoch über der Erde steht, aus seinem Fischbauch
ins Riesge gewachsen laden noch Flügel
stumpfwinklig in windzerblasene Wolken
unter mir Wälder Nadel- und Laubgehölz
leicht unterscheidbar von hier
der Herbst ist sichtbar dumpfes Braun bei den
Buchen Eichen und Lärchen, die Winterbäume
haben ihr Grünes zu zeigen, mehr noch
rufen die Straßen Flüsse und Städte mich an
schön liegt das Land die Seen wie Spiegel
Taschenspiegel Spiegelscherben
das ist meine Erde, da
werden Demonstrationen gemacht weiß
werden die Transparente getragen mit schwarzer Schrift
gegen Schlächterei Ungleichheit Dummheit
es schwimmen Kinder auf Gummischwänen es schlafen
immer noch Alte auf Bänken an Flüssen, Straßenfeger
holn jeden Morgen den Abfall zusamm
Erde die ich überflieg auf die Regen und Schnee fällt
nicht mehr so unschuldig wie eh wie der Schatten des Flugzeugs
ich höre Bach und Josephine Baker das ist ein Paar

Fahrt II

1
Aber am liebsten fahre ich Eisenbahn
durch mein kleines wärmendes Land
in allen Jahreszeiten: der Winter
wirft Hasenspuren vergessne Kohlplantagen
durchs Fenster, ich seh die Säume der kahlen Bäume
zarte Linie ums Geäst sie fahren heran
drehn sich verlassen mich wieder

2
Im Frühjahr schreitet der Fasan vorbei
seine goldenen Löwenzahnfedern
machen ihn kostbar ich fürchte für ihn
schon ist er verschwunden, zerbrochne Erde
liegt schamlos am Bahndamm aber
beim Schrankenhäuschen wird sie geebnet
von Stiefmütterchen Pfingstrosenbüschen und Veilchen
ich seh schon den Sommer, da
wird das geflügelte Rad rotgestrichen
der Schrankenwärter legt aus Steinen
den Reisenden gute Wünsche

3
Arme Erde rußschwarz und mehlig
schöne Gegenfarbe von Schwertlilien, die blau
und mit seidig geäderten Blüten
in letzter Sonne stehn, das geht vorbei
neue Bilder drehn sich der Zug ist so langsam

daß ich die Pflanzen benennen kann
jetzt die Robinien Weißes und Grünes Duft
oder liegt auf den Pfennigblättern
Geriesel vom Kalkwerk

4
Die Fahrt wird schneller dem Rand meines Lands zu
ich komme dem Meer entgegen den Bergen oder
nur ritzendem Draht der durch Wald zieht, dahinter
sprechen die Menschen wohl meine Sprache, kennen
die Klagen des Gryphius wie ich
haben die gleichen Bilder im Fernsehgerät
doch die Worte
die sie hörn die sie lesen, die gleichen Bilder
werden den meinen entgegen sein, ich weiß und seh
keinen Weg der meinen schnaufenden Zug
durch den Draht führt
ganz vorn die blaue Diesellok

Lange Reise

Jetzt wolln wir mal nach Birmingham gehn
der alten schwarzen Küche wo der Ofen nicht zieht
du nimm die Mütze vom Kopf frag wo das Haus steht
«Zur singenden Katze» da gehn wir gleich hin
und finden bloß eine music-box frag ob das alles ist

Dann wolln wir lieber Onkel Olaf besuchen der liegt
unten am Sund und ist voll wie ein Sprit-Zug
wo hat er nur die schöne blaue Mütze her
die leuchtet wie im Juni die See um halb vier
bloß jetzt ist sie fleckig und er antwortet nicht

So nehmen wir eben Weg auf die Shetland-Inseln
und werden mal sehn ob die Ponys sich kämmen
und ob sie so klein sind weil auf dem Land groß nichts wächst
die kleinen Pferde sind wirklich vorzüglich du
das sollte Onkel Olaf sehn wie die seine Mütze wegessen

Jetzt wird es aber Zeit daß wir Palmbäume sehn
aber hier hätten wir nie unsern Fuß aufsetzen sollen
leg dich flach ins Reisfeld neben die Wasserkuh
oder kriech ins Gebüsch dahin wo die zwitschernden Kinder
rennen
nein bleib da mäht was die Palmen ab
wirf die Mütze weg sie brennt ja wie die Kinder im Busch

Nun müssen wir bis Köln hinlaufen das liegt
sehr weit unten hat der Koch von Birmingham gesagt

ach was die Leute für saubere Hemden haben
sie duften nach Juchten und Blumen aus Spanien
woher kommt dann der süßfrische Rauchgeruch dazwischen
du trägst nicht mal eine Mütze aufm Kopf komm wir müssen
weiter

Bei den weißen Stiefmütterchen

Bei den weißen Stiefmütterchen
im Park wie ers mir auftrug
stehe ich unter der Weide
ungekämmte Alte blattlos
siehst du sagt sie er kommt nicht

Ach sage ich er hat sich den Fuß gebrochen
eine Gräte verschluckt, eine Straße
wurde plötzlich verlegt oder
er kann seiner Frau nicht entkommen
viele Dinge hindern uns Menschen

Die Weide wiegt sich und knarrt
kann auch sein er ist schon tot
sah blaß aus als er dich untern Mantel küßte
kann sein Weide kann sein
so wollen wir hoffen er liebt mich nicht mehr

Schneelied

Um den Berg um den Berg
fliegen sieben Raben
das werden meine Brüder sein
die sich verwandelt haben

Sie waren so aufs Essen versessen
sie haben ihre Schwester vergessen
sie flogen weg die Goldkuh schlachten
ach wie sie lachten

Eh sie zur Sonne gekommen sind
waren sie blind

Mein Haus ich blas die Lichter aus
bevor ich schlafen geh
kann ich die schwarzen Federn sehn
im weißen gefrorenen Schnee

Bevor die Sonne aufgeht

Bevor die Sonne aufgeht rufen meine Brüder die scheckigen Hunde im Hof blasen die Hände schütteln Tau vom Schuh eh die Sonne oben ist sind meine Brüder hinter dem Dorf haben Netze ins Strauchwerk getan knüpfen einen Vogel fest der ist geblendet und singt bis ans Ende die Brüder stopfen sich Pfeifen liegen im Kraut sind geduldig folgen den kunstvollen Strophen jetzt hängen sieben im Netz sagt der Jüngste und schneidet sich Schinken

Aber wenn der Vollmond hinter Wolken steht gehn meine Brüder im Wald mit den Hunden biegen einander die Zweige zurück sehn in den Himmel eine zersprungne Emailleschüssel sie legen dem Hickorybaum ihre Hände an rupfen ein Gras blasen Hirsche hervor und treffen wie sies lernten beim ersten Schuß kommen ächzend durch den Hof auf dem Rücken brettsteife Last

Meine Brüder haben einen gelben Rock Sterne weiche faltige Stiefel sie tragen einen Tornister es ist ein Bild von unserem Haus darin eine Büchse Fleisch und ihr Vogelnetz sie haben die neusten Gewehre gehn außer Lands sie sollen schießen wenn ein Mensch im Visier ist ich kenne meine Brüder sie biegen einander Zweige zurück und sind geduldig bis ans Ende

Augenblick

. . . ach wie ihre Fenster blitzten und die Zahlen
auf den Flügeln, eh sie in die Palmen fielen . . .

Eines Tages

Eines Tages werde ich gewissenlos glücklich sein, da
wird mich die Nachricht erreichen, ich weiß nicht
ob Sommer ob wässriger Schnee ist, kann sein
ich schäle Kartoffeln (versuch ohne
das Messer zu lösen ein Band)

einer wird es vor mir erfahren, er sagt es am
Telefon, möglich ich antworte nicht
lege den Hörer zurück, rauch eine Zigarette
schalte das Radio ein, gieße Blumen
oder ich geh auf die Straße in Läden auf Plätze
um zu bemerken, daß alles wie immer geschieht
die Leute drängen sich vor, anderswo
wird eine Kundgebung organisiert, Mikrofonprobe
der Redner schreibt eine langweilige Rede

an diesem Tag
werde ich Marschmusik lieben und Schalmein
ich warte auf ihn wenn mich die Nachricht erreicht
der Krieg ist vorbei, die ich nicht meine Brüder nenne, falln
ein Schwarm Fliegen, mit ihren Flugzeugen, Schiffen, Kanonen
zurück in ihr Land

Landaufenthalt

Morgens füttere ich den Schwan abends die Katzen dazwischen
gehe ich über das Gras passiere die verkommenen Obstplantagen
hier wachsen Birnbäume in rostigen Öfen, Pfirsichbäume
fallen ins Kraut, die Zäune haben sich lange ergeben, Eisen
  und Holz
alles verfault und der Wald
                                        umarmt den Garten in einer
                                        Fliederhecke

Da stehe ich dicht vor den Büschen mit nassen Füßen
es hat lange geregnet, und sehe die tintenblauen Dolden, der
  Himmel
ist scheckig wie Löschpapier
mich schwindelt vor Farbe und Duft doch die Bienen
bleiben im Stock selbst die aufgesperrten Mäuler der Nesselblüten
ziehn sie nicht her, vielleicht
                                        ist die Königin
heute morgen plötzlich gestorben
                                        die Eichen

brüten Gallwespen, dicke rosa Kugeln platzen wohl bald
ich würde die Bäume gerne erleichtern doch der Äpfelchen
sind es zu viel sie erreichen mühlos die Kronen auch faßt
Klebkraut mich an, ich unterscheide Simsen und Seggen so viel
  Natur

die Vögel und schwarzen Schnecken dazu überall Gras Gras das
die Füße mir feuchtet fettgrün es verschwendet sich

noch auf dem Schuttberg verbirgt es Glas wächst in aufgebrochne
Matratzen ich rette mich
auf den künstlichen Schlackeweg und werde wohl bald
in meine Betonstadt zurückgehen hier ist man nicht auf der Welt
der Frühling in seiner maßlosen Gier macht nicht halt, verstopft
Augen und Ohren mit Gras die Zeitungen sind leer
eh sie hier ankommen der Wald
hat all seine Blätter und weiß
nichts vom Feuer

Die Vögel singen im Regen am schönsten

Noch eh es Tag wird fällt Regen die Wolken wüten verliern sich kennen kein Maß das perlt erdwärts auf die Spitzen der Bäume fließt den Kiel der Pappeln entlang geht von Nadel zu Nadel wirft sich auf Gras drückts nieder bespringt zerbrechlichen Ehrenpreis trommelt den Horizont aus der Welt

Die braunen Tauchenten laufen übers Wasser verlassen das Schilf sind ganz von Wasser umgeben ihr Gefieder ist für den fetten Regen gerüstet sie tauchen zum Grund des Sees verraten den Aalen die Erde schwimmt

Den kleinen Vögeln in Baum und Strauch im Gras regnets ins Nest wenn sie sich ducken ob sie die Flut überstehn sie singen bloß und rufen lauter als die Tropfen Geräusch machen schon unterscheide ich Kuckuck Drossel etliche Tauben es fallen Grasmücken ein und die Spatzen über dem Fenster geben ihr Weniges der Lärm ist groß und voller Kunst

Schöner See Wasseraug

Schöner See Wasseraug ich lieg dir am Rand
spähe durch Gras und Wimpern, du
läßt mir Fische springen ihr Bauchsilber
sprüht in der schrägen Sonne die Krähe
mit sehr gewölbten Schwungfedern
geht über dich hin, deine Ufer
wähltest du inmitten heimischer Bäume
Kiefern und Laubwald Weiden und Birken
rahmen dich, kunstvolle Fassung
deines geschuppten Glases, aber am nächsten Morgen

ist die Sonne in Tücher gewickelt und fern
das andere Ufer verschwimmt, seine Hänge
sanft abfallende Palmenhaine
erreichen dich, du
einem langsamen Flußarm ähnlich
birgst Krokodile und lederne Schlangen
seltsame Vögel mit roten Federn
fliegen dir quellwärts, ich komm zur Hütte
rufe mein weißgesichtiges Äffchen und will
in dir die bunten Röcke waschen

wenn der Rücken mir schmerzt wenn
die Sonne ganz aufgekommen ist
liegt der See in anderer Landschaft
er weiß alle jetzt hat er das Ufer der Marne
ein Stahlbrückchen eckige Häuser Büsche
mein schöner Bruder holt mich im Kahn
Fischsuppe zu essen er singt das Lied
vom See der zum Fluß wurde
aus Sehnsucht nach fremden Flüssen und Städten

Musik auf dem Wasser

Am Sonntag war der See wie ausgewechselt schon früh
befuhren ihn kleine Boote dreistellige Zahlen auf den Segeln
vom Ufer hingen viele Angeln ins Wasser Kinder schwammen
    die Fische
zogen dem Grund zu

Erst schluckten sich gewöhnliche Dampfer durch die Wellen
der Schwan blieb im Schilf hielt die Flügel übers Nest
später erschien ein großes schwimmendes Haus man konnte
die gegenüberliegenden Fenster durchsehn

Die Seereisenden waren an Deck gestiegen um Kaffee
unter freiem Himmel zu trinken die Kleider klebten
an ihrer Haut es blitzte golden ans dunkle Land
das waren Hörner und Posaunen

Es ist schwer in Hitze und Uniform
    über der Tiefe Lieder zu blasen
die Töne kamen fett und berstend Enten stoben auf
flogen mit langen Hälsen langsam über die Arche
die Angler vergaßen ins Wasser zu sehn

Orgelmusik oder Doktor Luthers Kutschfahrt

Die Orgel fährt ein großer Wagen
dröhnt sie durch das Land
die zwiegeschirrten Pferde traben
aufs Pedal gespannt
die Flöten wirbeln Blätter auf
sie flattern in großer Not
und können nicht aus ihrem Geäst
die Achsen schrein wie vorm Tod

Die Trommel zählt das Becken gellt
Vögel fallen zur Erde
Dächer wölben sich beulig auf
lautlos scheun die Pferde
es fallen noch Posaunen ein
die Sonne färbt sich weiß
wird wohl zerspringen und feurig sein
die Mauern glühen heiß

Klarinetten Bauernfinger
spielt jetzt ohne Blatt
laßt die Rösser wieder springen
bringt uns wohl zur Stadt
da steht ein festes bemaltes Haus
es wird uns nicht versinken
kommen wir heil aus den Zeiten raus
wolln wir auf euch trinken

Der Milchmann Schäuffele

Der Milchmann Schäuffele aus Böhmen
fährt einen kleinen Wagen der ist wie ein Haus
wenn es regnet wird er nicht naß nur wenn er anhält
tropft Wasser von seinem Hut, da gibt
er reichlich ins Maß in Emailletöpfe bauchige Gläser
Schäuffele hat eine Glocke und einen Riemen dran
kommt er hört mans deutlich
Schäuffele
was hast du für ein Pferd?
Ich denk einen Apfelschimmel sagt er
morgens
die weiße Milch nachmittags weil ich Zeit hab keine Familie
helf ich auf dem anderen Wagen fahr die gestorben sind
Schäuffele
du bekommst zweierlei Zaumzeug eine
blaue Schürze die nach Käsen riecht
eine schwarzen Rock weil man muß Farbe bekennen und
einen runden glänzenden Hut dem hängt
ein Wölkchen Räucherwerk an
ist gut
sagt der Milchmann obwohl
das Rauchwerk mir wenig gefällt, er steigt
auf den kleinen milchfarbnen Wagen
zählt die Kannen die Käserollen die
schöneckigen Butterstücke, nimmt die Zügel sieht her
o sagt er unter dem Dach vor, das ist wichtig wo
fahr ich hin auf deinem Papier, nach vorn die Zeit oder zurück
was wird dann aus mir?
Schäuffele

gäbs einen Grund dich gradaus fahrn zu lassen – da ist
keine Ausnahme für dich und das Pferd, Schäuffele fahr
vorsichtig daß
du die Milch nicht vergießt
was ich tun kann
wär dir Familie zu geben eine gute Frau ein Enkelkind
ich bitt dich sagt er
allein
ist die Fahrt schon böse genug
so rollt er
die Straße hinab gibt Milch in Emailletöpfe bauchige Krüge
das Pferd geht langsam wegen der Milch, es geht
mit hängendem Kopf von der Nachmittagsarbeit
das Zaumzeug ist rot das Zaumzeug ist schwarz
Schäuffele
wird man den Wagen zerschlagen das Zugtier blenden, bald
wird viel Milch verlaufen durch die
denen er reichlich im Regen gab

Gammlersommer

Uns wuchsen Haare über die Brauen
matt lag das Fleisch unter der Sonne, selten
überwanden wir uns wenn wir vor Hitze kochten
und stiegen langsam zu Wasser lagen im Seichten
zu schwimmen hatten wir aufgegeben

Nur einmal als es sehr wolkig war und wir froren
bestiegen wir mittags ein Boot, legten uns mächtig
in die Riemen daß Gischt über die Schenkel schlug
wir erreichten nach Stunden das andere Ufer
es wuchsen seltsame Blumen dort und die Mädchen
waren schöner als auf unserer Insel gebaut

Wir luden sie ein fuhrn über die See
zurück zu unsern verkommenen Zelten, als wir
erschöpft von der Arbeit des Ruderns in einer Senke dösten
warfen die Mädchen was wir besaßen ins Wasser
entfernten sich in unserm Boot lästerlich schimpfend

Jemand bekommt Kohlen

Jemand bekommt Kohlen
sie prasseln in den Keller
alle Tauben sind auf dem Dach eine
hat Brüste und sieht über die Stadt
der Regen prasselt auf die Kohlen eh sie im Keller sind
die Taube im Regen hält Ausschau nach einem
wunderbaren Ereignis

Es könnte ein Auto sein
das schneidet die Kurven, aussteigt der grauäugige Fahrende
er schwitzt sich Edelsteine in den feurigen Bart so schnell
ist er gefahren er hat einen schönen Mund halblanges Haar
zieht einen Watteanzug an Gummistiefel
weil schlechtes Wetter ist er stapelt Briketts
alle sehn ihn wie ich ihn beschrieb er steht
in ihren Köpfen
ich habe ihnen was eingeredet

Ich in der Sonne deines Sterbemonats

Ich in der Sonne deines Sterbemonats
ich im geöffneten Fenster
ich betreibe Gewohntes: trockne
gewaschenes Haar

Schaukeln fliegen
am Augenwinkel vorbei, Wespen
stelzen auf faulenden Birnen
angesichts weißer Laken
schreit der Wäschereihund: er ist noch klein

Flieg Haar von meinem Kamm
flieg zwischen Spinnenfäden
schwarzes Haar totes Haar
eben noch bei mir

Eine Schlehe im Mund komme ich übers Feld

Eine Schlehe im Mund komme ich übers Feld
sie rollt auf der Zunge stößt Zähne an wenn ich geh
mein Kopf eine Schelle klappert und macht
einen traurigen Mund
                                        meiner mit einer Schlehe
deiner Sand schon und Kieselstein
ich drüber du drunter
Ebereschen blutrot samtrot liegts auf dem Weg
Drosseln freßt freßt
den Herbst lang euch Vogelfett an

2.9.66

Meine vielgereisten Freunde berichten mir

Meine vielgereisten Freunde berichten mir
wies in der Welt zugeht, sprechen an meinem Tisch
von verschiedenen Ländern, zum Beispiel Italien
vor dem Dogenpalast spazieren die unzählbaren Tauben
anordnen sich
zu Mustern, fliegen kaum auf, haben
das Pflaster im Aug die Ritzen mit
Eßbarem: am zwölften Juni kam eine Katze, der Schwanz
lag dem Boden an, sie
nahte in einer Spirale, beschlich
die fressenden Vögel, die Menschen
sammelten sich, begannen zu wetten über den Ausgang des
Schauspiels
aber
es überquerte ein Mann den Platz der nichts sah, alle Vögel
bewölkten den alten Palast, die Zuschauer schimpften,
in einem Land
ritt eine Bäurin über den Gletscher um
Zeit zu gewinnen in einer dringenden Sache
gelangte in die Stadt stieg vom Pferd
und wußte ihr eignes Anliegen nicht, hatte im Eis
den Verstand verlorn, wieder andre
besuchten Lili Brick deren Mann
Radios baut aus Liebhaberei
sie sei noch schön, trage
an einer langen Kette den ovalen Ring den
Majakowski ihr gab, einer spricht
von einem Dorf am Mittelmeer, die Bewohner

sind arm die Älteren warn
ohne Ausnahme Partisanen, jetzt fangen sie Fische
braten sie mit den wenigen Gästen singen Lieder
einem halbblinden Esel
der Waffen trug übers Gebirge schütten sie Korn vor, nur
aus dem schmalen Land
dessen Urwald und Felder entblättert werden, wo
Bomben platzen es Helden und Gräber gibt, dringt
keine Kunde, noch
ist keiner der Freunde dort

Es war dieser merkwürdige Sommer

Es war dieser merkwürdige Sommer
tropische Gewittergüsse und Demonstrationen
fanden fast täglich statt, die Felder
lagen platt riesige Nester ich ging zwischen offenen Türen
in meiner Küche
waren Teller getürmt widerstrebend
wusch ich sie ab bösartige Reden
fremder Radiostationen im Ohr, besser
gefiel es mir draußen in diesem Stadtteil
liegen mehrere Wasserbecken vierundzwanzig Fontänen
eine kleine Wasserkunst, in anderen Städten
mögen die Brunnen gewaltiger sein sich drehen
und leuchten, die hier
hüpfen und kommen nicht recht vom Fleck, keine
weitverzweigten Bäume aus Glas eher Büsche
winzige Wasserherzen auf rußigen Straßen
es gab sie erst wenige Stunden, die Arbeiter
ebneten noch den Boden wo sie das Stadtnetz
angebohrt hatten Mädchen begannen Petunien zu pflanzen
für diesen Sommer der verregnet und halb gegangen war

Ich soll in einem Flugzeug

Ich soll in einem Flugzeug
einer Donnerbüchse, steigt sie muß man sich anschnalln
in fremderes Land fahrn
den Himmel lang durch verschiedene Wolken
ich seh wo es genietet ist sitz hinter dem Flügel
es zieht die Füße ein verstaut sie Klappen klappen, so
wird es sein ich wünsche
daß keine irdische Stelle
meine dort zu schreibenden Verse durchkreuzt
ich fliege zum Strand, den Ovid sah
mehrere Jahre in der Verbannung, er klagte
ob dieser Gegend die sicherlich schön war
nur lag dem Dichter andres im Sinn
so fand ers öde wollte
ein paradiesisch Gefängnis, schrieb
fast reinen Herzens Lobgesänge rühmte den Herrscher
als milde den Künsten gewogen ohne Erfolg
er starb da sein Grab
könnte ich sehn und erstmals im Leben Palmen
ich möchte
mit diesem Fahrzeug «Karpatenschreck»
in den Schnee reinkommn, mein Fuß
spürt schon ich will Steine
abgehn sehn und genügsame Pflanzen, den Strand
voller vergnüglicher Häuser groß
da will ich auch tanzen und abends ins Meer
ich kaufe eine grüne Melone
gebe dem Taxifahrer davon
wenn alles eintrifft und ich da
eines Tags aussteig

Wohin bin ich geraten hin

Wohin bin ich geraten hin
an die Küste des Meeres das nachts schwarz ist
am Tag aber blau auch der Himmel darüber, man findet
vollendet Schönes: gelockte Säulen der Griechen da stehn sie
zerbrechlich frei haben keine Last mehr, umwuchert
von Beifuß und Winden, hinter ihnen das Wasser
kein Schiff kommt an keine Wagen mit Öl Harz Wein
die Riesenkrüge liegen voll Sand, auch sind sie
zerborsten, der Führer zeigt es Apollos Denkmal
steht leer aber er ließ
uns seine Fußspurn zurück und die Inschrift
da staunen die Dichter mehrerer Länder, notieren
Nur Pentti Saarikoski
geht ein fremdes Zebra in seinem Pullover
quer durch den Grundriß des Tempels und findet
in der Badestube folgenden hit über Histria
«Sie graben und graben» schreibt er am Abend «aber
was ich verlor sie werden es nie finden» dem
stimme ich zu in Konstanza, ich esse
hier mit den Deutschen am Tisch da gehör ich hin
trinke mit Pentti mit Gabor gehe ich
diese sentimentalen Tänze umschlungen

laufe nachts über die Wiese von Bar zu Bar weil
sie in Histria graben und graben

Wodka trinken

Braune Vögel braune Blätter
sanfter Harzfuß auf der Rinde
einzeln aufgewachsner Bäume
deren Spitzen Sterne schmücken

Alte Marmormänner recken
vor dem Schloß die schönen Glieder
Amseln nisteten im Schoße
einer weißen Brunnendame

Innen in den großen Stühlen
Löwenköpfe an den Lehnen
sitzen wir und trinken Wodka
der den Hals zur Wildnis macht:

Rote Blumentrauben fallen
auf den silberweißen Fluß
und die krummen Krebse graben
sich bei Mondlicht in den Grund

bis die Kehlen abgehärtet
bis die großen Flüssigkeiten
still in uns hinnunterrollen
und wir immer ernster werden

während alle andern johlen
und sich in den Armen liegen
ihren Spruch von Freundschaft sagen
den sie morgen nicht mehr wissen

Komm wir wollen in die Kälte.
In die Dunkelheit des Mondes
gehn wir auf polierten Straßen
die sich um die Berge biegen

Zwischenlandung

Wenn es auf Weihnachten geht
kehren die Dichter
zu ihren tüchtigen Frauen zurück
Ach was sind sie das ganze Jahr
über die Erde gelaufen
was haben sie alles gehört was
nachgedacht, ihre Zeitung geschrieben
durch Fabriken gestiegen, den Kartoffeln
brachten sie menschliche Umgangsformen bei, sahn
dem Rauch nach der kriecht und steigt
sie haben alles geschluckt manchmal Manhattan-
Cocktails wegen des Namens, sie verschärften
den Klassenkampf meditierten
über das Abstrakte bei Fischen, bis eines Tags
durch ihre dünnen Mäntel die Kälte kommt
Sehnsucht
nach einem wirklichen Fisch in der Schüssel
sie jäh überfällt und Erinnrung
an die Frau die sich am Feuer gewärmt hat
da bleibt
der Zorn in den großen Städten zurück, sie kommen
mit seltsamen Hüten für ihre Kinder
spüln sogar Wäsche spielen Klavier, bis
sie es satt haben nach Neujahr, da
brechen sie Streit vom Zaun, gehen erleichtert
weg in den Handschuhn von unterm Weihnachtsbaum

Bäume lesen

Der Regen fällt ins Grundwasser
anderen Nutzen
hat er im Winter nicht, es sei denn
ich bezög ihn auf Kiefern und Fichten
diesen nördlichen Bäumen
wird der Staub von Blüten und Wegen
jetzt gründlich ausgewaschen. Die Stämme
ziehen an mir vorbei (das ist übertrieben:
ich geh den Weg lang) die Bäume sind Lettern, ich
beweg mich wie auf Papier, überspringe
mühsam den Zwischenraum, stolpre ein Zeichen nieder
das hier ist Nadelwald
kein Unterholz alles durchschaubar
von Zeile zu Zeile, der Boden voll Schnee
der kommt aus dem Regen, papierweiß
Eine merkwürdige Baumgruppe
offensichtlich vom Ausland (so
wächst es hier nicht) prellt vor, ich umkreise
sie mit langsamen Schritten: sechs Bäume
der erste am größten, das wär so ein Schiffsmast
ragt in den nicht sichtbarn Himmel, oben
ein Nebelfetzen, Rauch eines Dampfers
die Bäume liegen vertäut, ihrer Schiffsuhr
Zeiger zuckt auf die volle Stunde
ein Krachen ich fürchte mich nicht, ja
das sind Schüsse! jetzt geht es vorwärts
Kampfansage nach oben, nieder
mit Dummheit Ausbeutung Hunger, rot

leuchtet mein Wort
mit mir ein Wald!, Majakowski
bläst seiner Wirbelsäule die Flöte
ich lese: Aurora

Winter

Ich lerne mich kennen, zur Zeit
die Wohnung die
wenigstens drei Generationen von Leuten
sah, immer hatten die Fenster
oben die Wölbung, die Bretter schmal
kaum geeignet für Blattwerk in Töpfen
die Wände
wie Bäume Jahresringe
tragen Tapetenschichten
ganz unten Jugendstil, dazwischen
Makulatur Zeitungsberichte
empörte Leser zu Freudenhäusern
zwei Zeilen Reichstagsbrand dann
bloß noch Tapeten, das Handwerk
ließ nach. Oder den Ausblick
auf Dächer (kaum ein Stück Himmel) das
hatten sie vor mir im Aug, vermutlich
ähnlichen Regen und Schnee, schwärzte
den Asphalt im Hof machte das Mauerwerk rot
andre
solln es noch sehn, eine Katze
begleitet mich ein paar Jahre was
weiß sie von mir sie liebt mein Parfüm
oder einfach den Platz, auf dem
ich hier sitze ich bin nicht sehr gut, aber
lernte Geduld als ich klein war bei
Wasserfarben:
wartet man nicht, verliert man das Bild –

und manchmal
bewegt sich mein Herz in den Aufhängebändern
das ist, wenn ich eine fremde Gegend seh
von mutigen Menschen höre oder
einer was fragt;
Ich liebe meinen Bauernpelz meine Stiefel
und mein trauriges Gesicht

II

Aus «Zaubersprüche»

Anziehung

Nebel zieht auf, das Wetter schlägt um. Der Mond versammelt Wolken im Kreis. Das Eis auf dem See hat Risse und reibt sich. Komm über den See.

Sieben Häute

Die Zwiebel liegt weißgeschält auf dem kalten Herd
Sie leuchtet aus ihrer innersten Haut daneben das Messer
Die Zwiebel allein das Messer allein die Hausfrau
Lief weinend die Treppe hinab so hatte die Zwiebel
Ihr zugesetzt oder die Stellung der Sonne überm Nachbarhaus
Wenn sie nicht wiederkommt wenn sie nicht bald
Wiederkommt findet der Mann die Zwiebel sanft und das
Messer beschlagen

Ich wollte meinen König töten

Ich wollte meinen König töten
Und wieder frei sein. Das Armband
Das er mir gab, den einen schönen Namen
Legte ich ab und warf die Worte
Weg die ich gemacht hatte: Vergleiche
Für seine Augen die Stimme die Zunge
Ich baute leergetrunkene Flaschen auf
Füllte Explosives ein – das sollte ihn
Für immer verjagen. Damit
Die Rebellion vollständig würde
Verschloß ich die Tür, ging
Unter Menschen, verbrüderte mich
In verschiedenen Häusern – doch
Die Freiheit wollte nicht groß werden
Das Ding Seele dies bourgeoise Stück
Verharrte nicht nur, wurde milder
Tanzte wenn ich den Kopf
An gegen Mauern rannte. Ich ging
Den Gerüchten nach im Land die
Gegen ihn sprachen, sammelte
Drei Bände Verfehlungen eine Mappe
Ungerechtigkeiten, selbst Lügen
Führte ich auf. Ganz zuletzt
Wollte ich ihn einfach verraten
Ich suchte ihn, den Plan zu vollenden
Küßte den andern, daß meinem
König nichts widerführe

Schwarze Bohnen

Nachmittags nehme ich ein Buch in die Hand
Nachmittags lege ich ein Buch aus der Hand
Nachmittags fällt mir ein es gibt Krieg
Nachmittags vergesse ich jedweden Krieg
Nachmittags mahle ich Kaffee
Nachmittags setze ich den zermahlenen Kaffee
Rückwärts zusammen schöne
Schwarze Bohnen
Nachmittags ziehe ich mich aus mich an
Erst schminke dann wasche ich mich
Singe bin stumm

Die Nacht streckt ihre Finger aus

Die Nacht streckt ihre Finger aus
Sie findet mich in meinem Haus
Sie setzt sich unter meinen Tisch
Sie kriecht wird groß sie windet sich

Und der Rauch schwimmt durch den Raum
Wächst zu einem schönen Baum
Den ich leicht zerstören kann –
Ich rauche einen neuen, dann

Zähl ich alle meine lieben
Freunde an den Fingern ab
Es sind zu viele Finger, die ich hab
Zu wenig Freunde sind geblieben

Streckt die Nacht die Finger aus
Findet sie mich in meinem Haus
Rauch schwimmt durch den leeren Raum
Wächst zu einem Baum

Der war vollbelaubt mit Worten
Worten, die alsbald verdorrten
Schiffchen schwimmen durch die Zweige
Die ich heut nicht mehr besteige

Märchen im Schrank

Da ging ich hin und fand das Kraut
Ich zählte schnitt das elfte ab
Mein Löwe schlug die Lindwurmhaut
Verließ mit IHR die Drachenstadt
Vögelchen singt Vögelchen springt
Für das ich ihn bekommen hatt

Liebe läuft sehr weit. Zum Schloß
Wo Hochzeit ist ob du noch Löwe bist?
Ich geb meinen vierfach geflochtenen Zopf
Dafür erlaubt die Blonde mir
Bei dir zu sein du hörst nur ein
Löweneckerchen singen Löweneckerchen schrein

Anderntags du ein Messerchen
Im Leib der Drachen-

Frau – ich konnte sie begierig machen
Auf ein Paar Schuh so schleifenversehn
Daß sich die Schuster nicht drauf verstehn

Barfuß in seine Kammer er ruhte
Sahs schimmern sahs rötlich mein geschnittenes Haar
Bog mich sich an bis ich ihm ähnlich war
Verging mit mir flog mit ihr fort
Auf dem Vogel Greif sie leben dort
Wo kein Mensch ist

Abends wenn die Sonne zu versinken droht
Kämmt sie ihn ihre Haare sind rot

Keiner hat mich verlassen

Keiner hat mich verlassen
Keiner ein Haus mir gezeigt
Keiner einen Stein aufgehoben
Erschlagen wollte mich keiner
Alle reden mir zu

Elegie I

Ich bin ein Schatte geworden im Sommer.
Die Personen-Gesundheits-Waage
Zeigt mich nicht an. Orpheus
Begleitet Frau Callas.

Elegie 2

Ich bin der schöne Vogel Phönix
Schüttle mich am Morgen, sage
Pfeif drauf! bekomme sie, meine Seele
Gänseblümchenweiß
Ich bin
Der schöne Vogel Phönix
Aber durch das
Flieg ich nicht wieder

Trennung

Jeder trinkt seinen Whisky für sich
«Three Swallows» er / «Four Roses» ich

Georgien, Fotografien

1

Kirche in Mzcheta. Sie ist asymmetrisch; die Ornamente gleichen sich nicht. Wo ein Pferd springen müßte, weidet ein Stier; hier Weinlaub, da Rosen. Ein Bogen ist breiter und niedriger als der vorige; das Dach nicht grün und nicht braun:
Abnahme durch den Bischof. Diese Schönheit!
Soll bleiben: unwiederholbar: sagte er
Und ließ dem Meister abhaun sie, die Hand
Ist sichtbar, nachgebildet in Stein.

2

Haustiere im Gebirge. Die Bäche springen wild von den Bergen, sammeln sich im Flußbett, das ist breiter als die Chaussee und voller Geröll, Grünes wächst, das Wasser füllt es nicht aus. Auf der Chaussee gehn die Tiere, kleine knochige Kühe, ein schwarzes Schwein, ein weißes mit einer Mähne bespringt es rennt auf zwei Beinen, die Schafe wie Steine, ein brauner Esel. Oder sie weiden im Flußbett umgehen die Flüßchen darin. Vor einer neuen Brücke steht ein Pferd, ich sehe die Adern am Hals.

3

Das Pferd an der Quelle. Es stand vor dem Wagen mit Bäumchen voll Laub / groß wie ein Esel. Der Bauer trank / es schüttelte die Mähne.

4

Kachetien. Die Berge haben ein helles Waldfell, alte Festungen sitzen auf, später laufen die Berge zum Kaukasus über.

Das Dorf liegt im Tal, auf einem Hügel der Friedhof. Silberbronzierte Gitter umgeben die Gräber. Manche haben ein Dach, zwei einen gedeckten Tisch. Vor dem Friedhof sind Lebensbäume gepflanzt, groß wie ein Mensch, tragen Schilder mit Namen. 4000 Bäume, 5000 Männer von 9000 kehrten zurück aus dem Krieg. Anfang Mai ist der Wald voller Blumen, Schwertlilien und Rosen, die Menschen spazieren bunt durch die Hügel, Händler sind da mit Zuckerfigürchen und Limonade, man kann das Glücksrad drehn.

Schattenspendend hat uns die Veranda im Maul eine große Gesellschaft, wir sehn den Kaukasus, im Gras liegt das Pelzchen des Hammels. Kräuter und Zwiebeln, Schaschlik alter Wein, die Gastgeber singen. Die Stimmen umschlingen sich, der Kolchosleiter weiß die schönsten Figuren. Alte Psalmen erreichen die Lebensbäume.

5

Das Fußballspiel. Die Akazien blühen die Stadt ist voller Duft die Straßen sind leer, Fußball in Radio und Fernsehen ich hörs aus den Fenstern. Die Taxifahrer rufen sich zu: Nr. 4 ein Mann aus Tbilissi schoß das Tor. Sie überfuhrn einen Hund. Zwei Stunden schrie er im Park.

6

Alte Kirche am Tanu. Der Tanu wirft sich kopfüber ins Bett das die Erde gemacht hat, schäumt und bewegt die Steine. An seinen Ufern wächst Wein, ein Baum mit samtigen Blättern.

Bäurinnen gehen und Pferde
Über den Fluß, was außen ist, innen:
Bäurinnen und Pferde
Sind in die Steine der Kirche gegraben.

7

Das Landhaus. Der kleine Ort Saguramo steht auf dem Tisch, bewaldete Berge schließen ihn ein. Hinter einem silbern gestrichenen Tor blüht Flieder. Im Park stehn zwei Brunnen, ein Denkmal aus Gips. Vor dem Haus wartet ein Hund mit lehmiger Schnauze, das Haus ist ein Landhaus, die schönen troddelbehangenen Stühle knarren auf dem Balkon, auf dem Schreibtisch tickt eine Uhr, ihr Zifferblatt umschließt roter Samt in Form eines Herzens. Das Ruhebett die Uhr der schwarze Mantel die Jagdtasche das Landhaus / gehören dem Dichter Tschawchawadse / von Weißen / 1907 erschossen sagte man gestern.

8

Mittag. Das Meer reckt sich die Steine knirschen wenn die Welle zurückfällt, draußen fliegt ein Schiff voller Segel du solltest draufstehn, ich winke, das Meer macht Stufen reißt rote Algen empor, man muß sehr vorsichtig sein auf der Treppe. Leicht rutscht man auf einem Fisch.

Klosterruine Dshwari

Die braunen Mönche gehn im Gänsemarsch
Sie sind sehr alt, nur ihre Stimmen
Sind kunstvoll auf ein Band gebracht
Sie psalmodiern, ein Knopfdruck macht sie stille.

Da harren sie, die Füße starr erhoben
Bis ihren Mund der Bauer wieder singen läßt
Die Hände in die Ärmel eingeschoben
Gehn sie der Schwalbe durch das achte Nest

Bis Abend kommt, die Zeit des Weins
Sie schlafen in der vollen Spule
Der Abt auf seinem hohen Stuhle
Zählt die Kopeken in die Höhlung eines Steins.

Moskauer Tag

Punkt zwölf wurden in Puschkins Rücken die Fontänen gezündet
Ich saß in der Sonne und rauchte und die Spatzen und Tauben
Und sonstigen Sing-Vögel die gerade gebadet hatten
Wurden in die Bäume geschossen. Neben mir ein Bauer im schwarzen Mantel
Las allen Ernstes lange Verse. Eine Großmutter kam
Über den Platz mit einem gebündelten Säugling. Die größeren Leute
Gingen und redeten und saßen und lasen und waren so zu Hause daß es mir auffiel:
Ich kannte nur mich und das war zu wenig. Saß da
Mit mir auf der Bank ich in der Mitte ich rechts von mir
Und links auch noch alles war frei und besetzt da beschloß ich
Mit mir nicht zu reden. Mir tat nichts weh ich wünschte dich nicht ich
Saß lediglich und die Sonne
Beschien mich wie eine x-beliebige Stadt Wiese Platane. Alle Fontänen
Waren sichtlich betrunken sie schwankten im Wind wie Fontänen.

Angeln mit Sascha

Es wäre gut sagte Sascha wir deckten uns
Heute mit Regenwürmern ein morgen
Den Bus zum Kanal ein Säckchen Proviant
Das Angelzeug Klappstühle reichlichen Tabak ich sagte
Gesagt getan wir verlorn auf der Fahrt
Einen Kessel brachen durchs Schilf beschirmten die Augen
Legten Gepäck ab ich seufzte die Sonne
Kroch aus dem Fluß dieser Landstrich
Weist nicht ein Meer auf

Komm unter die Weide
Du nimm den roten Stuhl
Die Köder in den Schatten
Zieh Gummistiefel an

Es klatschte beidseitig zahlreiche Angeln im lehmigen Wasser
Da und dort dampft ein Kesselchen Paprikaschoten
Würden drin schwimmen und später die jetzt noch waren
Die Fische da taucht schon die Pose ich reiße umsonst

Gib auf die Schnur acht
Ein Schiff dampft am Ufer lang
Er hat schöne Hände
Die Lebenslinie ohne Knick

Es kam wie erwartet Sascha hat Glück fängt was und ich
Diese lachhaften Fischchen deren Namen
Man nicht zu sagen wagt ob ich mal blinkre

Zu früh im Jahr weiß ich natürlich die Fische auch
Das ist meine Chance wieder das Motorschiff
Fährt seine Schnur über der Haken ist hin komm
Ich mache die Schlingen zärtliche Knoten Sascha

Deine Hand ist zu groß
Beiß mal die Bleikügelchen fest
Ich kann doch was siehst du
Ich lege die zweite Angel aus

Dies elende Schiff was kommt es
Nicht die Mitte durch wonach schaun sie die Männer da
Schleppt was durchs Wasser wolln die was fangen
Er ärgert sich wieder eine neue Genossenschaft
Schade daß wir keinen Kessel haben nebenan
Geht die Kelle schwer durch die Suppe Helles
Fließt aus der Flasche nun stoppt das Schiff zieht was
Dann ein Schlauchboot von Bord es kriegt
Ein Netz an Land die Angler heben die Köpfe

Roll mal die Schnur ein
Das ist gemein ich hab keine Hand frei
Über mir rechts blaue Iris links auch
Sitzen auf kleinen Korallen

Na dann ahoi Sascha das hättest du auch nicht gedacht
Ein voreiliger Kuß wir trauern um keinen Kessel so ein Unglück
Die haben ein Mädchen im Netz das stundenlang tot ist
Die Feuerchen rutschen zusammen die Münder
Der Fernen bewegen sich sie liegt jetzt am Strand

Das Schlauchboot das Motorschiff alles entfernt sich
Die Feuer werden wieder gefüttert

Er hat eine Angel fertig
Er hat eine Zigarette gedreht
Gibt sie mir angebrannt
Ich versuchs mal mit Kugeln aus Brot

Gott zum Gruß schöner Fisch großschuppiger
Aber jetzt hätte ich gern Pech gehabt du siehst
Etwas zu groß aus vollgefressen ein kleiner Kaufmann
Der Haken sitzt tief im Maul ich kann das allein halt
Mal den Kescher das ist der Schwerste sagt Sascha und

So was passiert eben
Neben Ophelia am Strand
Ein Mütterchen unterm Strohhut
Bewacht sie und strickt

Das Wasser klatscht hoch wird bewegter
Ein kleiner Dampfer Motorboote aus der Mitte
Spein Wellen die Posen treiben ins Weite
Er hält meine Angel sagt was von Täubchen
Wen meint er von uns rings gibts nur zwei Mädchen die eine ist tot

Wir können ja gehen
Es ist erst halb elf
Das Wasser will sein Opfer zurück
Die Alte schlägt einen Pfahl davor

Und gerade sind die Suppen vollendet die Nachbarn probiern sie
Streun weißen Pfeffer in Kessel und Büchsen das Feuer geht ein
Sie essen wir essen aus unseren Säckchen ich fürchte mich nicht
Trinke auf Sascha er trinkt auf mich wir haben ein Grammophon

Viele Möglichkeiten
Und die am Strand
Hat ein Tuch auf dem Gesicht
Und wird geholt

Auf eine Trage gerollt Sascha zieht das Hemd aus er legt sich drauf
Er ist müde er steht wieder auf er legt sich ins Gras
Das Hemd liegt allein ich bin auf dem Hemd ich bin müde
Hinter geschlossenen Lidern wie auf der Leinwand
Eines zweier kleiner Kinderkinos Kindersonnen
Höre unsere Fische im Kescher ihn ein Streichholz kaun
Es ist ein früher Herbsttag im vergangenen Sommer
Ich werde sehr alt werden und Sascha vergessen

Der Maler Ebert

Und dann gingen wir noch
Den Maler Ebert am Stadtrand besuchen
Da stellten wir fest: Frühjahr war: den Wiesen am Fluß
Wuchs schon was und die Sträucher
Beblätterten sich und Vögel
Rieselten raus. Wo er wohnt
Ist die Saale sanft gebogen und die Schwärze
Überspannt mit zierlicher Wölbung ein Brückchen.
Im breiten Treppenhaus der Geruch alter Häuser
Ohne Wasserklosett aber man fühlt sich geborgen
Schon sahn wir die Bilder schimmern aus weißen Rahmen
Klopften da sagte die Nachbarin
Er wäre weggegangen und wenn er ginge
Zumal seine Frau beim Frisör sei käme er
Vor Anbruch der Nacht nicht. Wir fragten
Nach seinen Lieblingskneipen
Sahen in jede steckten den Kopf
Aus der Sonne in dämmrige Bierstuben
Kleinen rauchigen Inseln die Flaschen
Klingelten leise – ein Wirt
Hatte ihn gehn sehn empfahl uns
An den nächsten Wirt in der Straße
Aber nirgends im Mohren nicht nicht in der
Gosenschänke. Und dann fing die Stadt an
Wir konnten ihn
Nicht weiter verfolgen der Baum der Kneipen
Verzweigte sich mächtig

Der Droste würde ich gern Wasser reichen

für Helga

Der Droste würde ich gern Wasser reichen
In alte Spiegel mit ihr sehen, Vögel
Nennen, wir richten unsre Brillen
Auf Felder und Holunderbüsche, gehn
Glucksend übers Moor, der Kiebitz balzt
Ach, würd ich sagen, Ihr Lewin –
Schnaubt nicht schon ein Pferd?

Die Locke etwas leichter – und wir laufen
Den Kiesweg, ich die Spätgeborne
Hätte mit Skandalen aufgewartet – am Spinett
Das kostbar in der Halle steht
Spielen wir vierhändig Reiterlieder oder
Das Verbotne von Villon
Der Mond geht auf – wir sind allein

Der Gärtner zeigt uns Angelwerfen
Bis Lewin in seiner Kutsche ankommt
Schenkt uns Zeitungsfahnen, Schnäpse
Gießen wir in unsre Kehlen, lesen
Beide lieben wir den Kühnen, seine Augen
Sind wie grüne Schattenteiche, wir verstehen
Uns jetzt gründlich auf das Handwerk Fischen

Besinnung

Was bin ich für ein vollkommener weißgesichtiger Clown
Am Anfang war meine Natur sorglos und fröhlich
Aber was ich gesehen habe zog mir den Mund
In Richtung der Füße ·

Erst glaubte ich das Eine dann an das Andere
Nun schneide ich mein Haar nicht mehr und horche
Wie dir und mir die Nägel wachsen, Hühnchen
Die Daunen ausgehn, sie Fett gewinnen

*

Ich sage was ich gesehen habe merkwürdig genug
Die Leute verkennen es geht um ernsthafte Dinge
Wie komisch sagen sie erzähl ich ein Unglück
Wenn sie lachen müßten, erschrecken sie

Nur Matrosen und Schofföre nicken bei meiner Rede
Die in den blauen Jacken können alles mit Beispielen belegen
Haben die Koordinaten im Kopf, und
Was man trank vorher und nachher und dann
Schweigen sie

Katzenkopfpflaster

Man sieht es nicht, es liegt unterm Schnee. Der Schnee ist frisch und glänzt in der Sonne. Steinbuckel stoßen gegen die Sohlen. Der Fuß hat Halt, wenn er gleichzeitig auf zwei Steine trifft. Wäre ich auf der Straße mit dem Katzenkopfpflaster, ich begänne zu traben. Mein Haar schlägt die Flügel. Ich trage Schellen hinter den Ohren. Bevor ich stürze, bin ich weiter.

Don Juan kommt am Vormittag

Don Juan kommt am Vormittag
So schrieb er im Telegramm was
Mich nachdenken ließ ich hatte den Mond
Eingeplant und Fontänen nun blieb
Nicht viel Zeit nicht mal die Augen
Größer malen die Füße nicht waschen
Ich stand wo sie anfängt die Stadt sah ihn
Im wehenden Mantel auf einem Rennrad
Den weißen Schal von der Schulter flattern
Herannahn die Lippen zersprungen und tief
Lagen die Augen ich fragte ihn
Weshalb er so früh sei sicher später
Ein Rendezvous mit einer Schönheit
Achwasdummheit er stellte das Rad
Schräg in die Luft er nahm den Hut ab
Legte uns beide ins Gras das rings
Üppig zu werden begann zog Vögel
Aus Metall auf die fingen zu singen
An daß es schallte Variationen
Über ein Thema von Mozart ich kenn das
Sagte er und alle Platten-
Spielersysteme Schönberg und
Ich werd dich jetzt das wird aber gut sein

Rufformel

Phöbus rotkrachende Wolkenwand
Schwimm
Ihm unters Lid vermenge dich
Mit meinen Haaren
Binden ihn daß er nicht weiß
Ob Montag ob Freitag ist und
Welches Jahrhundert ob er Ovid
Gelesen oder gesehen hat ob ich
Sein Löffel seine Frau bin oder
Nur so ein Wolkentier
Quer übern Himmel

Klagruf

Weh mein schneeweißer Traber
Mit den Steinkohlenaugen
Der perlendurchflochtenen Mähne
Den sehr weichen Nüstern
Dem schöngewaltigen Schatten
Ging durch! Lief
Drei Abende weit war nicht zu bewegen
Heimzukehren. Nahm das Heu nicht
Wahllos fraß er die Spreu
Ich dachte ich sterbe so fror ich

Ruf- und Fluchformel

Eu Regen Schnee Gewitter Hagelschlangen
Steigt aus des Meeres bodenloser Brut
Und haltet euch in Lüften eng umfangen
Bis er auf meinem roten Sofa ruht.

Wenn er den Stab hebt, dürft ihr draußen toben
Je mehr je lieber, schließet mir das Haus
Und schlagt und dreht euch, ändert Unten, Oben
Der Hof sieht wie ein Jahrmarkt aus

Dieweil wir uns in unsrer Lieb erproben.

Nachricht aus Lesbos

Ich weiche ab und kann mich den Gesetzen
Die hierorts walten länger nicht ergeben:
Durch einen Zufall oder starren Regen
Trat Wandlung ein in meinen grauen Zellen
Ich kann nicht wie die Schwestern wollen leben.

Nicht liebe ich das Nichts das bei uns herrscht
Ich sah den Ast gehalten mich zu halten
An anderes Geschlecht ich lieb hinfort
Die runden Wangen nicht wie ehegestern
Nachts ruht ein Bärtiger auf meinem Bett.

Und wenn die Schwestern erst entdecken werden
Daß ich leibhaft bin der Taten meines Nachbilds
Täterin und ich nicht meine Schranke
Muß Feuer mich verzehren und verberg ichs
Verrät mich bald die Plumpheit meines Leibes.

Das Grundstück

Sonntags kommen die Mädchen mit ihren Kindern zum
Grundstück
Das sie vor Jahren billig erwarben. Noch immer kein Geld für
Zäune und festere Türen; so gehn sie und sehen und zählen
Was da verschwand: die Pumpe, die Tassen, die flauschige
Decke –
Ach, es ist schon zu spüren, wenn man allein steht und selber
Nicht mit Hobel und Säge umgehen kann, und die Freunde
Können sie selten bewegen hierher, denn es gibt nichts
Was sie verlockte, der Sand: der lädt wohl die Mädchen
Ein, sich ohne Bikini zu sonnen, die winzigen Kinder
Pausenlos fordern sie Dies und Das von den Müttern und
tollen
Immer dazwischen. Das wissen die Männer und sagen:
Besser, man kommt in der Woche. – Man klingelt um sechs
an der Wohnung
Noch eine Stunde, dann gehts. – So sehn sich die Mädchen
Sonntag für Sonntag den Grund abgehn, das Gras und die
Kiefern
Liebevoll streifend; sie zählen und messen und rechnen:
Eintausend Mark für den Zaun, wer setzt ihn? Etwa die
Spechte
Meisen und Häher? Und naht zwischen Kiefern die Alte
Die man, die Rente ist klein, mit Wurst und Pudding
bewirtet?
Die man, gut wie man ist, herbergt: und hat nun drei
Wünsche

Frei? wie im Märchen würden sie leben mit Kindern
Und Geliebten in Datschen im Sommer und sorglos.
So aber müssen die Mädchen am Abend, nachdem sie die
Sonne
Etwas gebräunt hat, entfliehen mit Kindern und Taschen
Denn es wäre ein Wagnis, die Nacht hier alleine zu schlafen
Fremde könnten die zaunlose Festung erstürmen, die Freunde
Glaubten den Schönen die Unschuld nicht und verzeihn nicht.
Die Kinder sind müde und zwitschern wie Vögel. Die Frauen
Lachen.

Aynn Wintrstück

seyn seele hat ein hüggelchin
doch ich hab auch zween büggelchen
er führt ein spitzen zungen
weiß mir kein bessren jungen

*

wie silberne klingn
schnob mir die luft ins gesicht
doch immer kömmt eine milderung
wir könnn springn

*

ich hab ein klein gut
und klein geld und klein kind
und keine suppen aufm herd
möcht wissen was morgen ist

*

hat gerade geschneit
da sitzet er weit
bey seynem frauchen
wolln wir nit tauschen

*

der see diesser suppntopf
lieget dazwischen
kann er nit rübergehn
stäubelein wischen

*

sitzet inn sein häusgen
guckt aussm fenster raus
glotztn ein sterndíng an
geht ihm sein pfeifn auss

*

hat mirn lied gemacht
läuft auf zwey beenlein
will viermal ein brei kriegn
beißt mich inn ellenbogen

*

zog er eyn ührchen auff
morgens um viere
wir lahn wie zwo weckeleyn
inn weissn papiere

*

schlug mich vertrug sich
verstug sich vergluot mich
qualmtedr ofn sondergleichen
tanztn winziger regen

*

sagter mit vollem mundt
willst nit mal abbeissn
kannst auch die truh auffmachn
dir eyne perl holn

*

unn wenndr wind so zischt
unn die ziegln klappern
hör ich die vögl im hof
gegn die scheybn flattern

*

ich träum ville träume
ich träumm du träummst
du wärst in einn traum
in meiner küche gewesen

*

schnittest vom brodt
dass ein ränftlein blieb
gabst mir einn biss
biss mein mundt wiedr rot

*

springt der Herr Nord
mit wucht aufdr gassen
will ich mit bluomen
dein kopf dir verziern

Muskelkater

Wir sind in Form und wirklich gut trainiert
Und dennoch bringt das Unmaß der Bewegung
Zierlichen Schmerz Leib Gliedern, ein Impuls
Rasch unsrer Hirne an die Füße lockt
Seufzen aus uns, und wir halten ein:
Das sitzt nun zwischen Schulterblättern, reißt
Wie Rudern unsre Rücken, und die Strecker
Die unsre Arme heben, deuten deutlich
Auf Riesenwellen ganztags Kugelstoßen
Liegestütz und Schwimmen siebzehn Bahnen.
Das uns im Sessel fehlt, das Sitzfleisch, zeigt sich
Sehr beansprucht von so lange im Sattel
Und die Waden, ach, wie nach dem Abstieg
Auf steilem Rollhang im Gebürge, langsam.
Oder Eislauf. Oder wie im Frühjahr
Aufm Rad das erste Mal zwölf Stunden
Und die Straßen schöne lange Straßen
Empfinden wir die Schenkel, und die Finger
Beugen: ist das mühevoll! vielleicht
War das ein Diskus? oder wars der Speerschaft?
Das alles wars und wars auch wieder nicht
Und erinnert, bis zum nächsten Treffen
Uns unsern Leicht-Sinn.

Der Schnee

Er ließ mich nach seinen frohen Befehlen
Über Pfützen und Rinnsale springen. Die langen Büros
Rahmten den Platz ein, schwarz schwarz
Die Straße, der Fluß, es war warm. K. hatte
Die Handschuh verloren, wir gingen und gingen
Dreimal über den Fluß. Wir rochen nach Rauch
Das Haar wippte schwer und ich fischte
Zigaretten aus meiner Tasche. Schon wieder
Auf einer Brücke – kein Mensch, nur ein Laster
K. lachte und mußte mir die Liebe erklären.
Hinter dem Prinzenpalais ließ er mich warten
Und als wir die Brüder Humboldt trafen
Sagte er «na» und zeigte den linken, der
Damals in F. W. Weitling auswies. Unter der S-Bahn
War die Nacht eine doppelte Falte. So schwarz
Hatte ich niemals die Dinge gesehn, und ich sah
Das auch erst am folgenden Morgen, als Schnee
Daunengleich vorm Fensterbrett stieg.
Über die Schulter sagte ich in die Richtung
Wo K. war: Beigottschnee.

Ich

Meine Haarspitzen schwimmen im Rotwein, mein Herz
Sprang – ein Ei im kochenden Wasser – urplötzlich
Auf und es fiel, sprang wieder, ich dachte
Wo du nun wärest, da flogen die Schwäne dieses
Und auch des anderen Spreearms schnell übern Himmel.
Das Morgenrot, das dezemberliche, Bote
Vielleicht frühen Schnees, hüllte sie ein und die Hälse
Verlockung, sich zu verknoten, sie stießen
Fast mit der Kirche zusammen. Ich stand
Auf eigenen Füßen, Proleten unter den Gliedern, ich hätte
Mir gern einen Bärn aufgeladen ein Zopf aufgebunden
Ein Pulverfaß aufm Feuer gehabt.

III

Aus «Rückenwind»

Tilia cordata

Langsam nach Jahren geh ich
Vom Sein des Hunds in das der Katze.
Ich will davon nicht reden, nur so viel:
Ich wollte für ihn was verzeichnen
Ein poetisches Bild: das ging mir
Plötzlich wie Honig ein: die Linden
Fingen zu blühen an und ich hatte gesehn
Daß die Bäume Ähnlichkeit haben mit Mädchen
Blondhaarigen, die Strähnen rötlich
Leichthin gelockt. Die großen Mädchen
Man sieht in die
Halbkurz geschnittenen Locken von unten. Ne Spur
Von Ohrringen, baumelnd, Kugeln
Hochverschlossene Knospen inmitten
Sich verschleudernder spreizender Blüten – ich dachte bloß
Nun seh ich schon Mädchen? Doch mich
Betraf das nicht, ich sah seine Augen.

Die Luft riecht schon nach Schnee

Die Luft riecht schon nach Schnee, mein Geliebter
Trägt langes Haar, ach der Winter, der Winter der uns
Eng zusammenwirft steht vor der Tür, kommt
Mit dem Windhundgespann. Eisblumen
Streut er ans Fenster, die Kohlen glühen im Herd, und
Du Schönster Schneeweißer legst mir deinen Kopf in den Schoß
Ich sage das ist
Der Schlitten der nicht mehr hält, Schnee fällt uns
Mitten ins Herz, er glüht
Auf den Aschekübeln im Hof Darling flüstert die Amsel

Zu Zweit

Lieber zu Zweit verhungern als Einzeln
In goldenen Wagen spazieren fahren:
Gefahren Gefahren überall für unsere
Treuen unbescholtenen Seelen
Mein Freund bis hierher und nicht weiter
Einer
Sey
Des andern Stab
Und unüberhörbare Stimme
Schlag mir auf mein Sitzfleisch wirf mich
Auf ein Fahrrad und jag mich nach Zeuthen

Der Ausflug *I*

Gewöhnlich trinke ich Bier. Bloß jetzt
War ich froh, daß ein Mensch kam
Jean mit dem Mausegesicht:
Ich hatte es immer gewußt, vergessen:
Empfindungen haben
Nen eigenen Rhythmus, der Vers geht OK!
Oder nun Jean mitm Whisky: sieh da
Saß unten ein Löwe im Glas
Gelbes änglisches Wappen-Thier, alt
Spitze Zähne, der ruht und paßt
Mir grad auf den Finger. Stimmt alles, sagt Jean, morgen
Hast du auch wieder dein Bier. Doch zu der Zeit
Wo Sommers Anfang verzeichnet steht wolln wir together
Mit dieser Kapitalisten-Flasche
Flink rein mal nach Potsdam. Der Himmel
Sieht schon ganz grün aus, der runde
Der Blechstern des Tags
Sitzt hinter Wolken verkeilt.

2

: wohl viel gelesen Jean. So fuhrn wir
In einem gewienerten Auto rund um die Ecken. Im Rinnstein
Und hinter den Scheibenwischern verkrümelt wie Tabak:
die Linden
Warfen die Spreu ab, der Himmel
Blauschwarz vernagelt und keine der Schlangen
Vom Tagstern fand eine Öffnung. So war es
Sechs Stunden vor Mitternacht dunkel ringsum
Wie im berühmten Arsch des Bären. Die Vögel
Schon stumm. Wir stellten das Auto
Vors Tor und uns auf den Kiesweg.
Sahen: eine Feuerstelle, es flatterten Flämmchen
Ein Eimer hing drüber und Duft
Schlüpfte schon raus; viel Leute und Menschen
Die Taschen voll Zwiebeln und Flaschen;
Laternen an unruhigen Bäumen; Jean und ich
Traten auf den Steg. Höllenschwarz dieser See
Schluckte noch Himmelsschwarz unentwegt, seine Krebse
Schnitten der See-Frau das Hemd zu, stumpfschwarzer Krepp
Damit die an Land kann, schicklich, wenn Un-Wetter
aufkommt.

3

Im Himmel wurden wohl Kirchen gesprengt, der Donner
Fraß Echo und Blitze
Fielen poliert und verbogen, Sturm
Kämmte das Ufer, es rieselte Ästlein, wir sprachen:
Das will nun runter! und traten ins Haus.
Es roch gleich nach Farbe und Firnis, ne süße
Schopengsche Musik kam entgegen und draußen
Krachte das Wetter. Es sahen uns Bilder an, Augen-
Blicke, die festgehaltene Freundin
Vorm Fenster flogen vom Weinlaub, Jelängerjelieber die Ranken.
Wildlockige Mädchen, Maler-Frauen, schwammen heran. Auftrag:
Die Schönheit. Abgefallene Blüten
Rosen Jasmin arrangiert im Verhältnis
Eins zu zwei. Nachm Krieg
War hier alles öde und Ratten und Mäuse
Warn beim Begatten in diesen Stuck-Ornamenten.
Ihre Maler haben alles gebaut, Decken und Wände gezogen
Weihnachten kocht die Kommune, sagen die Mädchen, Polnische Karpfen
Nach Neujahr Krach und Ostern ist alles vergessen.
Wir wechseln die Räume die Maler. Der Chef hier
Hat erfreuliche Tafelbilder gemalt «wenn er unbedingt mußte», so sind es
Vier in fünfzehn Jahren geworden: der See und das Haus
Die Maler die Mädchen, kurzhaarige
Vorgängerinnen der krausen Lockenbemähnten

Die Wiese der Himmel die Wolken der Mond.
Und jetzt die Kamine! Die Öffnung
Spitzenumwachsen, Fußgelenke und Füße
Schoben sich raus, der Bauch
Ein Doppel-Loch, eine Zwilling-Höhle vergoldet.
Geteilte Spiegel, die spiegeln
Geteilte Spiegel vom zweiten
Kamin samt Spiegeln herüber und wieder zurück.
Die Meubeln sonst warn feine Tische mit zittrigen Beinchen
Stühle voll Haltung, vornehmste Schränke. Sammet-Vorhänge
Flankierten die Fenster hoch wie dreimal mein Bett
Herrliche Falten, es fehlte
Nicht eine Chinille-Bommel, jede Gardine
Rafften kurz überm Sims nach dem Goldenen Schnitt
Vergoldete Rosen und Blätter zusammen.
Noch der ausgeschüttete Wein
Ordnete sich gefällig unter, doch Kinder
Die hier Backwerk verkrümeln – da legten
Die schönen Mädchen im Sommer
Das Weihnachtsoratorium auf. Minutenlang
War ich überzeugt, zog ein, ich spannte
Ne Hängematte von Rose zu Rose, rauchte bengalische
 Ringe, setzte
Die Schreibmaschine auf den Marmorsockel, in Zukunft
 Idyllen!
Kaufte Eisbärnfelle Papageien Tempeltänzer, doch als
Die Musik vorbei war, der Regen im See, ging ich weg
Von Jean zu Bier und Kuchenkrümeln.

Aus «Wiepersdorf» 2

Hinter Jüterbog öffneten sich
Der erste, der zweite Himmel, ließen herab-
Strömen, was sich gesammelt hat, siehe
Es wurde ein mächtiger blasenschlagender
Landregen draus, es goß sogar Schwefel.
Später in Wiepersdorf, als zwischen zwei
Windhosen die Möglichkeit war sich zu ergehen
Das liebe freie Land
Recht ins Auge zu fassen, war Freude
Freude. Die schönen Fenster im Malsaal
Öfters sechs mal vier kleine Scheiben, die Flügel
Von zierlichen Knebeln gehalten. Innen
Bizarres altes schlängelndes zipfelbemütztes
Kakteengewirr, außen
Maifrischer Park.
Die Steinbilder lächeln – ich ging
Gleich bis zum Zeus, der hielt den Blitz an der Stelle
Wo der Park mit dem Wald schläft. Englischer Rasen
Den bläuliches Waldgras verstrickt hat, es reckt
Noch ein Fliederbusch wirklich!
Vergißmeinnichtblaue Finger zum Himmel und
Selbstverständlich Unmassen Vögel ringsum
In Büsche und Bäume geworfen. Ich staunte
Vor Stunden noch enge im Hochhaus
In der verletzenden viereckigen Gegend, nun
Das – ich dachte bloß noch: Bettina! Hier
Hast du mit sieben Kindern gesessen, und wenn
Landregen abging

Muß es genauso geklappert haben Ende Mai
Auf die frischaufgespannten Blätter – ich sollte
Mal an den König schreiben

5

Ehrwürdiges schönes Haus
Mit dem zwiefachen Dach – doppelt
Allein bin ich da und dem Wetter, dem hellen
Dem knatternden Hagel, so mildem Mond
Ausgesetzt. Ach ich gedenke
Der rührenden Zeit, als fast eines Bruders
Zärtliche Hand mich morgens geweckt hat und fröhlich
Ein Tag der Zwilling des vorigen war. Was bin ich
Inzwischen umhergefahren. Und eifrig
War ich bemüht, Apollon zu fassen und gleichfalls
Ein hübsch klopfendes menschliches Herze erbeuten –
Vergebens. Deshalb
Hab ich nur mich, einen winzigen Knaben und die sich
mehrende
Anzahl der Jahre und hin und wieder
Schön schwimmendes Wolkengetier

6

Nun beginnen die Frösche; Scharen
Weißflügliger Motten und größerer Schwärmer
Stürzen sich in mein Licht – nichts los
In diesem frühschlafenden Land-Strich hinter den Wäldern.
Mitunter wenn ich so wach bin, und
Angewidert vom Pflichtbewußtsein, lediglich ich
Bekam keinen Schlüssel, das Bargeld gezählt hab, renne ich
In flatternden Mondschein hin durch den Wald.
Der Mensch ist hier gut, das Geld stimmt immer:
Hier rollen nur gegen Morgen um vier
Drei Stunden Panzer vorbei und die Landschaft
Sieht am Tage verschwunden aus. Wo ein Weg war
Jetzt eine Schlucht. Schwarze Bauersfrauen auf Rädern
Rufen: es muß
Abwechslung geben.
Wo ich nach Seifenlappen frage im Konsum erfahr ich
Ein Haus und zwei Mann überfahren, es war
Eine mondlose Nacht.

8

Hier ist das so: wenn die Störche
Endlich auf ihren Schornsteinen schlafen
Fangen die Frösche
Gierig zu schreien an.
Sie blühn auf, meine Lampe
Trifft ihre gelben beutligen Kehlen, ihr Rücken
Durchstößt schwärzeste Wasser, licht
Liegt das im Pflanzengewirr. Wenn die Katzen
Immer zur selben Stunde schleichen
Fürchten die Mäuse
Für ihre süße fünfschwänzige Brut. Zu der Zeit
Rauche ich die dunkelsten Schwaden und fluche
Du Schönhäutiger Schwacher Verfuckter
Dichselberliebender schöngraues
Schielendes Aug ach geh weck

9

Dieser Abend, Bettina, es ist
Alles beim alten. Immer
Sind wir allein, wenn wir den Königen schreiben
Denen des Herzens und jenen
Des Staats. Und noch
Erschrickt unser Herz
Wenn auf der anderen Seite des Hauses
Ein Wagen zu hören ist.

11 Männliches Steinbild im Park

Leider leider werden die Damen
Immer schnurriger. Was die nicht mehr
Können und alles vermögen! Die trennn sich
Dreimal im Leben von Diesem und Jenem, die schleppen
Nur das Nötige mit die Kinder, die Arbeit
O wie mir graut!

Meine Worte gehorchen mir nicht

Meine Worte gehorchen mir nicht
Kaum hör ich sie wieder mein Himmel
Dehnt sich will deinen erreichen
Bald wird er zerspringen ich atme
Schon kleine Züge mein Herzschlag
Ist siebenfach geworden schickt unaufhörlich
Und kaum verschlüsselte Botschaften aus

Datum

Der kam am 28. Februar, stellte
Sich mir vors Fenster in einem Bärenfell sagte
O wie mir schwindelt. An diese Höhe
Könnte ich dich gewöhnen, Schöner
Lerne mich tragen und ich
Mache mich leicht. Auch soll dir dafür
Manches Wunder passieren: mein Haar
Wird dir durch die Finger wachsen dein Mund
Der Abdruck des meinen du hörst mich fortan
Wenn ich nicht da bin. Sprichst meinen Namen
Hin in die Winde: alles gelingt.
Herzschöner wollen wir Julia und Romeo sein?
Der Umstand
Ist günstig, wir wohnen
Wohl in der gleichen Stadt, aber die Staaten
Unsere eingetragenen Staaten gebärden sich, meiner
Hält mich und hält mich er hängt so an mir wir
Könnten sehr unglücklich sein ach du sprachest
Eben noch mit mir

Rückenwind

Wie er mich jagt, sein Schrei
Mich vorwärts trägt fünfundzwanzig
Windsbräute in der Sekunde
Den ganzen Tag, am Abend, und in die Nacht.
Ich komme zur Welt ich singe vor ihm
Jubel und Lachen: die Finger
Des himmlischen Kinds auf meiner Schulter.
Und hör ich die Stimme des Einen
Von großer Schönheit
Dreht sich der Gegenwind, ich fliege
Und immer zu ihm
Klopfendesherz wie das Haus schwankt

Der Meropsvogel

Der große
Sehr schöne Meropsvogel
Fliegt schon im Frühjahr kaum zeigt sich ein Blatt
Davon in den Süden wo Schatten
Höchst senkrecht fallen der Stein
Warm wie meine Augen-Blicke auf ihn

So hab ich gelernt: groß ist er stark schön wie
Ein Mensch und weiß man von ihm
Hört die Sehnsucht nicht auf. Er fliegt doch er sieht
Fliegend zurück, er entfernt sich, nähert sich trotzdem.
Über die Augen. Das Blut. Zum Herzen. O schöne Sage! Ein
Springen von Stein zu Stein; Hoffnung
Wo Raum und Zeit sich
Zwischen uns legen. Und kommt er wieder? Er kommt.
Herangesehnt zurückgewünscht erwartet erwartet
So blickt er fliegend zurück, mich nicht an.
Er naht er entfernt sich.

Das Waldsanatorium

Nicht mehr hoffen und klagen. Auf dem Rücken
Liegen wie ausgestopft, verstarrte Augen.
Erinnerungskino: als wir
Langsam in einem Mantel gehen und fliegen.
Die Ohren für andres ertaubt
Erinnern den einzigen Klang deiner Stimme
Das Gedächtnis erschafft dich in deiner Bewegung.
Du winkst mich
Mit einem Lidschlag dir hin. Grauköpfig
Durchsegelt die Krähe den Augen-Blick.

Im Juni

Gott mit uns! Der Herr Pastor
Sah Rübezahl ähnlich und fuhr wie der Teufel.
Überholte die vornehmsten Wagen, indem er
Sich an die Stoßstangen hängte und wild übersprang.
Weißen Haares glaubte ich die Stadt zu erreichen, da begann
Die Gegend lieblich zu werden; manche Allee
Aus Linden Kastanien, ein und der andere Weiher
Zeigten sich her; die blaue Chaussee
Ward ein buckliges hüpfendes Schlänglein.
Wie leicht mir der Mut war. Ich grüßte ein schönes
Zwiefarbnes Pferd auf der Weide, mein Kind
Zählte an fünfhundert Bäume. Der Pastor
Sagte, was glauben bedeutet, so fuhrn wir
Hin auf die Insel, wo Caspar David
Einst in die Kreide gestiegen war. In grüner
Dann blauer Farbe lag nun das Meer
Mit Muscheln und zitterndem See-Stern zu Füßen.
Ich saß auf einem Wegstein und sah
Die dunkle, die weggleitende Sonne, dich
Auf der anderen Seite der Welt. Ich schlief
Und fror die ganze Nacht. Der Pastor aus Dransk
Las in der Schrift von Jakob und Rahel.

Ein Bauer

Ein Bauer mit schleifendem Bein
Ging über das Kohlfeld, schwenkte den Hut
Als wäre er fröhlich.

Allein

Die alten Frauen vor roten Häusern
Roten Hortensien verkrüppelten Bäumen
Brachten mir Tee. Würdevoll
Trugen sie die Tabletts zurück, bezogen
Horch- und Beobachtungsposten
Hinter Schnickschnackschnörkel-Gardinen.

Das Dorf

Am Abend war die Stille vollkommen.
Die Grillen verstummten in ihren Löchern
Auf dem Hügel die Eiche
Stand schwarz vor lackrotem Himmel.

Da kam ich ins Dorf aus dem Moor.
Ging übers glänzende Stoppelfeld
Stern und Steine leuchteten hell
In den Häusern flammte das Licht auf.

Zermahlener Staub auf der Straße.
Knöterich unter den Füßen
Reichte von Tür zu Tür, ein Sommertagteppich.

Im Sommer

Dünnbesiedelt das Land.
Trotz riesigen Feldern und Maschinen
Liegen die Dörfer schläfrig
In Buchsbaumgärten; die Katzen
Trifft selten ein Steinwurf.

Im August fallen Sterne.
Im September bläst man die Jagd an.
Noch fliegt die Graugans, spaziert der Storch
Durch unvergiftete Wiesen. Ach, die Wolken
Wie Berge fliegen sie über die Wälder.

Wenn man hier keine Zeitung hält
Ist die Welt in Ordnung.
In Pflaumenmuskesseln
Spiegelt sich schön das eigne Gesicht und
Feuerrot leuchten die Felder.

Zwei Zeilen

Kastanienäste klopfen an die Scheiben
Wovor ein blutiger Himmel schwebt.

Der Milan

Donner; die roten Flammen
Machen viel Schönheit. Die nadligen Bäume
Fliegen am ganzen Körper. Ein wüster Vogel
Ausgebreitet im Wind und noch arglos
Segelt in Lüften. Hat er dich
Im südlichen Auge, im nördlichen mich?
Wie wir zerrissen sind, und ganz
Nur in des Vogels Kopf. *Warum*
Bin ich dein Diener nicht ich könnte
Dann bei dir sein. In diesem elektrischen Sommer
Denkt keiner an sich und die Sonne
In tausend Spiegeln ist ein furchtbarer Anblick allein.

Haarewaschen auf dem Land

Mit rotem Handtuch raus in die Sonne.
Warme Wolkenschatten auf Steinen
Akazienblättern.

Ich seh durch den Kamm in das Licht –
Alles vertraut.

Der Süden

Wenn es nach mir ginge, ich säße den Tag
Angelehnt auf dem Faulbett, den Himmel
Vergleichend und Bilder vor Augen.
Über die Straße flattert ein Landhund;
Die alten Papierfabriken! Das grüne reine Wasser.
Mein Arm drinnen, der andere
Zugereicht. Höchstens vier Grad die Sorgue.
Petrarca kommt mit Laura den Weg uns entgegen
Auf einem Maultier. Beide über siebzig und Laura
Rauchte Zigarrn. Der Maler Klapper holt aus einem Schuh-
karton
Fünfundzwanzig angefangene Bilder. Ein Ockertagebau
Ein Schwemmsystem um den Farbstoff zu fangen – alles
Unterm Mont Ventoux eines Tags im September, der
Währt schon ein Jahr

Die Spiegel

Leere Spiegel im Haus.
Niemands schönes Gesicht. Wolken
Ziehen darin. Die sanften die grauen die
Unheimlich blitzzerschlagenen. Als ob er
Im Krieg ist.

Viel

Was gibt es denn noch?
Zwei Augen, womöglich drei:
Sein Jochbein an meinem. Die Gasthäuser
Nehmen das Dach ab, die Pappeln
Das Laub, die Berge
Das Gras.

Niemals verzogen

Mein Bruder
Hat wirres Haar, wir wohnen
Tief im Waldgebirg
Kurz vor dem Dreißigjährigen Krieg unsere Münder
Reden die klügsten Dinge

Die Überschwemmung

Schwarze Spiegel Doppel-Landschaften Spielkartenschönheit
Die Wolke grüßt ihren Zwilling, der Himmel ein Kreis.
Ein Stamm, zwei Kronen jeder Baum.

Dein Leib bin ich, du lächelst dir zu.

Im Glashaus des Schneekönigs

Im Glashaus des Schneekönigs sprechen die Vögel vernünftig. Wir sind seine Gäste, er schaut erst abends herein: er wirft Wolldecken hin, einen Lastwagen Kohle ins Feuer. Wir tun, was wir wollen. Er legt uns genügend Hasenfleisch hinter die Mauer, und wir sind viele. Wenn wir schlafen wollen, bringt er die Vögel zum Schweigen. Nachts geht er mit hundert Wölfen ums Haus.

Hier

Schönaug Hoffnung sind deine Namen
Schon wieder mein Meer weg das ferne
Erhabene Land setz doch den Fuß raus
Grenzepapiereachwas hier bin ich

Raubvogel

Raubvogel süß ist die Luft
So kreiste ich nie über Menschen und Bäumen
So stürz ich nicht noch einmal durch die Sonne
Und zieh was ich raubte ins Licht
Und flieg davon durch den Sommer!

Inhaltsverzeichnis

Aus «Landaufenthalt»

Aus «Zaubersprüche»

Aus «Rückenwind»

Von Sarah Kirsch
im Verlag Langewiesche-Brandt, 8026 Ebenhausen bei München

Die Gedichtbände *Landaufenthalt*, *Zaubersprüche*, *Rückenwind* (je 80 Seiten, je 16,– DM), *Drachensteigen* (54 Seiten, 14,– DM und *Hundert Gedichte* (eine Auswahl aus diesen vier Bänden sowie ein Gespräch über ihre Gedichte, 144 Seiten, 16,– DM)

Der Prosaband *Die Pantherfrau* (Fünf Frauen-Erzählungen aus dem Kassetten-Recorder, 112 Seiten, 16,– DM)

Der Einblattdruck *Anziehung* (Eine farbige Photo-Lithographie von Margarethe Schiel zu dem Prosagedicht im vorliegenden Buch Seite 43. Hundert numerierte und von der Künstlerin signierte Exemplare, Blattgröße 60 × 70 cm, 120,– DM)